Creative Italian
Learn through speaking

For the student, teacher or self-learner of Italian

Ian Costabile

Creative Italian: Learn through speaking
© 2018 Ian Costabile

First Edition

Published by ArtLyra Press, Liverpool, UK.
All rights reserved.
www.artlyra.com

ISBN-13: 978-1-9997497-4-3

CONTENTS

One learns grammar from language, not language from grammar.

Toussaint-Langenscheidt

The Verb Sets Method

This language learning method is an innovative approach created by Ian Costabile that promotes learning through speaking. Every set contains six verbs and a practice objective, such as mastering a tense or a theme. The questions aim to develop conversation and to help to generate other ideas and phrases. Through the necessity or curiosity of formulating responses, the student actively searches for information, contrary to most conventional methods which simply deliver information to a passive student. The level of difficulty increases progressively as each section is completed.

Instructions

For the Student

During your lesson, try to speak only Italian. When you want to say something but you don't know how, you should ask your teacher using the following sentence: **come si dice...?** (*how do I say... ?*). And if you don't understand a certain word, you should say: **cosa vuol dire ... ?** (*what does ... mean?*)

Try to be creative; reply without reading the examples sheet. But if you don't feel creative and don't know what to say, then you may check the examples sheet. Try to be quick, don't think too much and don't be afraid of making mistakes. It's through your mistakes that you will learn more.

For the Self-learner

You may need a dictionary (there are many free online translation tools) and if possible, try to find a native speaker to be your language partner (many applications and websites will help you to do this).

Look at the verb set sheet and learn the translations for all verbs and complementary suggestions. Then, try to create your own sentences using only verbs included in the verb set. Compare your sentences to the examples sheet. Read the sentences aloud (most online dictionaries can help you with pronunciation). If you have a language partner, ask him or her the questions and vice-versa. Try to master each verb set before moving to the next.

For the Teacher / Per l'insegnante

1. Chiedi allo studente di esaminare il set di verbi. Traduci il significato dei verbi e combinazioni.
2. Chiedi tutte le domande suggerite, adattandole liberamente a seconda dell'esperienza, la personalità e gli obbiettivi dello studente.
3. In seguito, incoraggia lo studente a fare domande a te e agli altri studenti (in caso di una classe di gruppo). Non è un problema se le domande sono le stesse. La ripetizione è essenziale all'apprendimento.
4. Puoi usare la stessa lista di verbi quante volte ritieni necessario. Assicurati che lo studente conosca a fondo il set di ogni capitolo prima di passare a quello successivo.

Abbreviations

LIT: Literal translation

Essential Greetings and Everyday Phrases

Ciao	Hi
Buongiorno	Good morning
Buonasera	Good afternoon
Buonanotte	Good evening / Good night
Grazie	Thank you
Prego	You are welcome
Come stai? / Tutto bene	How are you? / I'm fine. (Lit: All well)
Sì	Yes
No	No
Come ti chiami?	What is your name? (Informal)
Come si chiama?	What is your name? (Formal)
Mi chiamo	My name is
Molto piacere	Pleasure to meet you
Molto buono	Very good
Molto bene	Very well / Well done
Ottimo	Great
Ciao	Goodbye
Arrivederci	Goodbye (See you again)
A presto	See you soon
A dopo / A più tardi	See you later
A domani	See you tomorrow
Alla prossima	See you next time
Alla prossima settimana	See you next week
Più o meno	More or less / So-so
Anche	Also / As well
E tu?	And you? (Informal)
E lei?	And you? (Formal)
Ecco!	That's it!

Subject Pronouns

Io	I
Tu	You
Lei	She
Lei	You (Formal)
Lui	He
Signor	Sir (Formal)
Signora	Madam (Formal)
Noi	We
Voi	You (Plural)
Loro	They
Signori	You (Formal, Plural, Male or mixed group)
Signore	You (Formal, Plural, Female)

Important Phrases

Cos'è....?	What is…?
Come si dice … in italiano?	How do I say…in Italian?
Non capisco.	I didn't understand.
Come?	Sorry? / Excuse me?
Scusa.	I'm sorry.
Mi scusi.	Excuse me.
Puoi ripetere?	Can you repeat?
Può ripetere?	Can you repeat? (Formal)

Numbers

0	zero		30	trenta
1	uno		40	quaranta
2	due		50	cinquanta
3	tre		60	sessanta
4	quattro		70	settanta
5	cinque		80	ottanta
6	sei		90	novanta
7	sette		100	cento
8	otto		101	centouno
9	nove		200	duecento
10	dieci		300	trecento
11	undici		400	quattrocento
12	dodici		500	cinquecento
13	tredici		600	seicento
14	quattordici		700	settecento
15	quindici		800	ottocento
16	sedici		900	novecento
17	diciassette		1,000	mille
18	diciotto			
19	diciannove			
20	venti			
21	ventuno			
22	ventidue			
23	ventitré			
24	ventiquattro			
25	venticinque			
26	ventisei			
27	ventisette			
28	ventotto			
29	ventinove			

UNITÀ 1
PRESENTE, FREQUENZA E DESCRIZIONE

SET 1

TENSE FOCUS

PRESENT[1]
(Presente Indicativo)

MAIN VERBS

PARLARE = TO SPEAK
STUDIARE = TO STUDY
LAVORARE = TO WORK
COMPRARE = TO BUY
BERE[2] = TO DRINK
CAMMINARE = TO WALK

---

[1] Main conjugation endings: **-o** / **-i**; Examples: Io parl**o** (I speak) / Tu parl**i** (You speak).
[2] **Irregular verb:** "I drink" = "Io **bevo**".

SET 1

PARLARE
STUDIARE
LAVORARE

COMPRARE
BERE
CAMMINARE

SUGGERIMENTI COMPLEMENTARI

SEMPRE

MAI

A VOLTE

OGNI GIORNO / TUTTI I GIORNI

UNA VOLTA ALLA SETTIMANA

DUE VOLTE ALLA SETTIMANA

AL FINE SETTIMANA

Answer these questions

Parlare	Parli l'italiano?	*Do you speak Italian?*
	Parli il portoghese?	*Do you speak Portuguese?*
	Parli il francese?	*Do you speak French?*
	Parli lo spagnolo?	*Do you speak Spanish?*
	Parli l'inglese?	*Do you speak English?*
Studiare	Cosa studi?	*What do you study?*
	Studi il giapponese?	*Do you study Japanese?*
	Studi il tedesco?	*Do you study German?*
Lavorare	Lavori?	*Do you work?*
	Lavori tutti i giorni[1]?	*Do you work every day?*
	Lavori la domenica?	*Do you work on Sundays?*
	Dove lavori?	*Where do you work?*
Comprare	Compri qualcosa ogni giorno?	*Do you buy things every day?*
	Compri cose su internet?	*Do you buy things on the internet?*
	Dove compri frutta?	*Where do you buy fruit?*
	Compri sempre libri?	*Do you always buy books?*
Bere	Bevi il caffè?	*Do you drink coffee?*
	Bevi il tè?	*Do you drink tea?*
	Bevi sempre caffè a colazione?	*Do you always have coffee for breakfast?*
	Bevi il caffè con o senza zucchero?	*Do you drink coffee with or without sugar?*
	Bevi birra?	*Do you drink beer?*
	Bevi vino?	*Do you drink wine?*
Camminare	Cammini molto?	*Do you walk a lot?*
	Cammini nel parco?	*Do you walk in the park?*
	Cammini veloce o piano?	*Do you walk quickly or slowly?*

---

[1] "Tutti i giorni" and "ogni giorno" are interchangeable.

Examples of answers

Parlare
Sì, parlo un po' l'italiano. *Yes, I speak a little Italian.*
No, non parlo il portoghese. *No, I don't speak Portuguese.*

Studiare
Studio l'italiano. *I study Italian.*
No, non studio il giapponese. *No, I don't study Japanese.*

Lavorare
Sì, lavoro molto. *Yes, I work a lot.*
Sì, lavoro ogni giorno. *Yes, I work every day.*
Lavoro a casa. *I work at home.*

Comprare
No, non compro cose tutti i giorni. *No, I don't buy things every day.*
Sì, compro cose su internet una volta alla settimana. *Yes, I buy things on the internet once a week.*
Sì, compro sempre libri. *Yes, I always buy books.*

Bere
Sì, bevo sempre il caffè a colazione. *Yes, I always have coffee for breakfast.*
Bevo il caffè senza zucchero. *I drink coffee without sugar.*
No, non bevo mai la birra. *No, I never drink beer.*
Sì, a volte bevo vino. *Yes, sometimes I drink wine.*

Camminare
No, non cammino molto. *No, I don't walk a lot.*
Sì, cammino nel parco una volta alla settimana. *Yes, I walk in the park once a week.*

SET 2

TENSE FOCUS

PRESENT[1]
(Presente Indicativo)

MAIN VERBS

MANGIARE = TO EAT
BERE[2] = TO DRINK
CORRERE = TO RUN
SCRIVERE = TO WRITE
LEGGERE = TO READ
GUARDARE = TO WATCH

---

[1] Main conjugation endings: **-o** / **-i**; Examples: Io mang**io** (I eat) / Tu mang**i** (You eat).
[2] **Irregular verb:** "I drink" = "Io **bevo**".

SET 2

MANGIARE BERE CORRERE

SCRIVERE LEGGERE GUARDARE

SUGGERIMENTI COMPLEMENTARI

SEMPRE

MAI

A VOLTE

OGNI GIORNO / TUTTI I GIORNI

UNA VOLTA ALLA SETTIMANA

DUE VOLTE ALLA SETTIMANA

AL FINE SETTIMANA

Answer these questions

Mangiare	Mangi la carne?	*Do you eat meat?*
	Mangi il pesce?	*Do you eat fish?*
	Mangi i fagioli?	*Do you eat beans?*
	Mangi il riso?	*Do you eat rice?*
	Mangi il pane tutti i giorni?	*Do you eat bread every day?*
Bere	Bevi l'acqua tutti i giorni?	*Do you drink water every day?*
	Bevi l'acqua frizzante o naturale?	*Do you drink fizzy or still water?*
	Bevi le bibite gasate?	*Do you drink fizzy drinks (soda)?*
	Bevi la birra?	*Do you drink beer?*
	Bevi i succhi di frutta?	*Do you drink juice?*
Correre	Corri per allenarti?	*Do you run to exercise?*
	Corri nel parco?	*Do you run in the park?*
	Corri veloce o piano?	*Do you run fast or slowly?*
Scrivere	Scrivi lettere?	*Do you write letters?*
	Scrivi email?	*Do you write emails?*
	Scrivi libri?	*Do you write books?*
Leggere	Leggi i libri?	*Do you read books?*
	Leggi i giornali?	*Do you read newspapers?*
	Leggi le riviste?	*Do you read magazines?*
Guardare	Guardi la televisione?	*Do you watch television?*
	Guardi i film?	*Do you watch films?*
	Guardi le partite di calcio?	*Do you watch football matches?*

Examples of answers

Mangiare Sì, mangio il pesce. — *Yes, I eat fish.*
No, non mangio mai i fagioli. — *No, I never eat beans.*
No, mangio il pane a volte. — *No, I eat bread sometimes.*

Bere Sì, bevo l'acqua ogni giorno. — *Yes, I drink water every day.*
Bevo acqua naturale. — *I drink still water.*
No, non bevo. — *No, I do not drink.*

Correre Sì, corro. — *Yes, I run.*
Sì, corro nel parco al fine settimana. — *Yes, I run in the park at the weekend.*
Corro veloce. — *I run fast.*

Scrivere A volte scrivo lettere. — *I write letters sometimes.*
Scrivo email ogni giorno. — *I write emails every day.*
No, non scrivo. — *No, I do not write.*

Leggere Sì, leggo sempre i libri. — *Yes, I always read books.*
Sì, leggo il giornale ogni giorno. — *Yes, I read the newspaper every day.*
Sì, a volte leggo le riviste. — *Yes, I read magazines sometimes.*

Guardare Sì, guardo la televisione due volte alla settimana. — *Yes, I watch television twice a week.*
Sì, guardo i film al fine settimana. — *Yes, I watch films/movies at the weekend.*

9

SET 3

TENSE FOCUS

PRESENT
(Presente Indicativo)

MAIN VERBS

ESSERE[1] = TO BE (LONG DURATION)
STARE[2] = TO BE (SHORT DURATION)
FARE[3] = TO DO / TO MAKE
PIACERE[4] = TO LIKE / TO ENJOY
AVERE[5] = TO HAVE
VIVERE = TO LIVE

---

[1] **Irregular verb**: "I am" = "Io **sono**" / "You are" = "Tu **sei**".

[2] **Irregular verb**: "I am" = "Io **sto**" / "You are" = "Tu **stai**". (Followed by the gerund to make the Present Continuous Tense. Examples: **Sto** studi**ando** = *I'm studying*)

[3] **Irregular verb**: "I do" = "Io **faccio**" / "You do" = "Tu **fai**".

[4] **Piacere** requires 'mi/ti' (to me/to you).

[5] **Irregular verb**: "I have" = "Io **ho**" / "You have" = "Tu **hai**".

SET 3

ESSERE
STARE
FARE

PIACERE
AVERE
VIVERE

SUGGERIMENTI COMPLEMENTARI

ESSERE: ALTO, BASSO, BUONO, CELIBE, SPOSATO, ITALIANO, FRANCESE, PROFESSORE, AVVOCATO...
STARE: BENE, MALE...
FARE: SPORT, YOGA, ARTI MARZIALI, TORTA, COSA, ACQUISTI...
PIACERE: PESCE, BIRRA, CALDO, ANIMALI, STDIARE, DORMIRE, LEGGERE, LAVORARE, MANGIARE FUORI...
AVERE: BICICLETTA, MACCHINA, TELEVISIONE, FRATELLI, TEMPO LIBERO...
VIVERE: A CASA, IN UN APPARTAMENTO, NEL CENTRO, NEI SOBBORGHI, DA SOLO, CON FAMIGLIA...

Answer these questions

Essere	Sei alto o basso?	*Are you tall or short?*
	La tua città è bella o brutta?	*Is your city beautiful or ugly?*
	Sei celibe o sposato?	*Are you single or married?*
	Sei italiano?	*Are you Italian?*
	Sei francese?	*Are you French?*
	Sei inglese?	*Are you English?*
	Sei brasiliano?	*Are you Brazilian?*
	Sei nord-americano?	*Are you American?*
	Sei un professore?	*Are you a teacher?*
	Sei un cuoco?	*Are you a cook?*
	Sei un avvocato?	*Are you a lawyer?*
	Sei un musicista?	*Are you a musician?*
	Sei felice o triste oggi?	*Are you happy or sad today?*
	Sei stanco?	*Are you tired?*
Stare	Comme stai? Stai bene o male?	*How are you? Are you well or unwell?*
	Stai studiando?	*Are you studying?*
Fare	Fai sport?	*Do you play sports?*
	Che fai?	*What do you do?*
	Fai yoga?	*Do you do yoga?*
	Fai arti marziali?	*Do you do martial arts?*
	Fai torte?	*Do you make cakes?*
	Fai molte cose?	*Do you do many things?*
	Fai acquisti ogni giorno?	*Do you go shopping every day?*

Piacere	Ti piace il pesce?	*Do you like fish?*
	Ti piace la birra?	*Do you like beer?*
	Ti piace il caldo?	*Do you like hot weather?*
	Ti piaciono gli animali?	*Do you like animals?*
	Qual'è il tuo animale preferito?	*What is your favourite animal?*
	Ti piace studiare?	*Do you like to study?*
	Ti piace dormire?	*Do you like to sleep?*
	Ti piace leggere?	*Do you like to read?*
	Ti piace guardare i film?	*Do you like to watch films?*
	Ti piace lavorare?	*Do you like to work?*
	Ti piace mangiare fuori?	*Do you like to eat out?*
Avere	Hai una bicicletta?	*Do you have a bike?*
	Hai una macchina?	*Do you have a car?*
	Hai una televisione?	*Do you have a television?*
	Hai fratelli? Quanti?	*Do you have brothers? How many?*
	Quando hai ferie?	*When do you have holidays?*
	Hai del tempo libero?	*Do you have free time?*
	Hai fame?	*Are you hungry?*
	Hai sete?	*Are you thirsty?*
Vivere	Dove vivi?	*Where do you live?*
	Vivi in una casa o in un appartamento?	*Do you live in a house or in an apartment?*
	Vivi nel centro città o nei sobborghi?	*Do you live in the city centre or do you live in the suburbs?*
	Vivi da solo?	*Do you live alone?*
	Vivi con famiglia?	*Do you live with your family?*

Examples of answers

Essere	Sono alto.	*I'm tall.*
	La mia città è bella.	*My city is beautiful.*
	Sono sposato.	*I'm married.*
	No, non sono italiano.	*No, I'm not Italian.*
	No, non sono un professore.	*No, I'm not a teacher.*
	Sono un ingegnere.	*I am an engineer.*
Stare	Sto bene.	*I'm well.*
	Sì, sto studiando.	*Yes, I'm studying.*
Fare	Sì, faccio sport.	*Yes, I do/play sports.*
	No, non faccio yoga.	*No, I don't do/practise yoga.*
	Sì, faccio torte.	*Yes, I make cakes.*
Piacere	Sì, mi piace il pesce.	*Yes, I like fish.*
	No, non mi piace la birra.	*No, I don't like beer.*
	Il mio animale preferito è il cane.	*My favourite animal is the dog.*
Avere	Sì, ho una bicicletta.	*Yes, I have a bicycle.*
	No, non ho una macchina.	*No, I don't have a car.*
	Sì, ho due fratelli.	*Yes, I have two siblings.*
	Ho le ferie in aprile[1].	*I have holidays in April.*
Vivere	Vivo in una casa.	*I live in a house.*
	Sì, vivo da solo.	*Yes, I live alone.*

---

[1] In Italian months/weekdays/nationalities/languages do not need to be capitalised. Only personal nouns do, such as names of people and places.

UNITÀ 2
PRESENTE PROGRESSIVO, FUTURO, INTENZIONI E OPINIONI

SET 4

TENSE FOCUS

PRESENT CONTINUOUS[1]
(Presente Progressivo)
FUTURE[2]
(Futuro Semplice)

MAIN VERBS

IMPARARE = TO LEARN
PRATICARE = TO PRACTISE
VIAGGIARE = TO TRAVEL
CENARE = TO DINE
DORMIRE = TO SLEEP
SVEGLIARSI[3] = TO WAKE UP

---

[1] In Italian, this tense is formed by first conjugating the verb **Stare**, then adding the gerund, which is formed by the terminations -**ando** or -**endo**;
Examples: "I am speaking" = "Io **sto** parl**ando**" / "You are sleeping" = "Tu **stai** dorm**endo**".
[2] This tense is formed by using the Future tense endings. Main conjugations: -**erò** / -**erai**;
Examples: "Io impar**erò**" = "I will learn" / "Tu impar**erai**" = "You will learn".
[3] This is a reflexive verb which means *To wake oneself* - it requires the personal pronouns **mi/ti** = me/you. Example: "**Mi** sveglio" = "I wake up" LIT = I wake myself up.

SET 4

IMPARARE PRATICARE VIAGGIARE

CENARE DORMIRE SVEGLIARSI

SUGGERIMENTI COMPLEMENTARI

ADESSO
PIÙ TARDI / DOPO
DOMANI
LA SETTIMANA PROSSIMA
IL MESE PROSSIMO
L'ANNO PROSSIMO

Answer these questions

Imparare
Stai imparando il giapponese al momento?
Are you learning Japanese now?

Stai imparando l'italiano al momento?
Are you learning Italian now?

Cosa stai imparando?
What are you learning?

Stai imparando l'italiano velocemente o lentamente?
Are you learning Italian quickly or slowly?

Praticare
Stai praticando il tedesco al momento?
Are you practising German now?

Stai praticando il francese al momento?
Are you practising French now?

Cosa stai praticando?
What are you practising?

Viaggiare
Stai viaggiando al momento?
Are you travelling now?

Viaggerai domani?
Are you going to travel tomorrow?

Viaggerai il prossimo mese?
Are you going to travel next month?

Cenare
Cenerai più tardi / domani?
Are you going to dine later / tomorrow?

Cenerai a casa tua o a un ristorante?
Are you going to dine at your house or in a restaurant?

Dormire
Dormirai più tardi?
Are you going to sleep later?

A che ora dormirai?
What time are you going to sleep?

Svegliarsi
Ti sveglierai presto domani?
Are you going to get up early tomorrow?

A che ora ti sveglierai?
What time are you going to wake up?

Examples of answers

Imparare   No, non sto imparando il giapponese al momento.   *No, I'm not learning Japanese now.*

Sto imparando l'italiano.   *I'm learning Italian.*

Sto imparando l'italiano velocemente.   *I'm learning Italian very quickly.*

Praticare   No, non sto praticando il tedesco al momento.   *No, I'm not practising German now.*

Sto praticando l'italiano.   *I'm practising Italian.*

Viaggiare   No, non sto viaggiando al momento.   *No, I'm not travelling now.*

No, viaggerò l'anno prossimo.   *No, I'm going to travel next year.*

Cenare   Sì, cenerò più tardi.   *Yes, I'm going to have dinner later.*

Per cena mangerò uova fritte con riso.   *I'm going to have fried egg with rice.*

Dormire   Sì, dormirò più tardi.   *Yes, I'm going to bed later.*

Dormirò alle dieci.   *I'm going to sleep at ten.*

Svegliarsi   Sì, mi sveglierò presto domani.   *Yes, I'm going to wake up early tomorrow.*

Mi sveglierò alle sei.   *I'm going to wake up at six.*

SET 5

TENSE FOCUS

FUTURE
(Futuro Semplice)

MAIN VERBS

USCIRE[1] = TO GO OUT / TO LEAVE
PRENDERE = TO GET / TO CATCH
GUIDARE = TO DRIVE
VOLERE[2] = TO WANT
NUOTARE = TO SWIM
VISITARE = TO VISIT

---

[1] **Irregular verb**: "I go out" = "Io **esco**" / "You go out" = "Tu **esci**".
[2] **Irregular verb**: "I want" = "Io **voglio**" / "You want" = "Tu **vuoi**".

SET 5

USCIRE
PRENDERE
GUIDARE

VOLERE
NUOTARE
VISITARE

SUGGERIMENTI COMPLEMENTARI

ADESSO
PIÙ TARDI / DOPO
DOMANI
LA SETTIMANA PROSSIMA
IL MESE PROSSIMO
L'ANNO PROSSIMO

Answer these questions

Uscire
Uscirai dopo? — *Are you going out later?*
Uscirai al fine settimana? — *Are you going out at the weekend?*
A che ora esci di casa per lavoro? — *What time do you leave your house for work?*

Prendere
Prendi il pullman dopo la classe? — *Are you going to take a bus after class?*
Prendi un taxi più tardi? — *Are you going to take a taxi later?*
Prendi sempre il pullman / taxi? — *Do you always take a bus / taxi?*

Guidare
Guiderai dopo la classe? — *Are you going to drive after class?*
Guidi ogni giorno? — *Do you drive every day?*
Ti piace guidare? — *Do you like to drive?*

Volere
Che vuoi fare oggi? — *What do you want to do today?*
Che vuoi mangiare oggi? — *What do you want to eat today?*
Che vuoi bere oggi? — *What do you want to drink today?*
Dove vuoi andare in vacanza la prossima volta? — *Where do you want to travel to on your next holiday?*

Nuotare
Quando viaggi d'estate, nuoti nel mare? — *When you travel in the summer, do you swim in the sea?*
Quando sei in un hotel con la piscina, nuoti? — *When you go to a hotel with a swimming pool, do you swim?*
Ti piace nuotare? — *Do you like to swim?*

Visitare
Quando viaggi, visiti musei? — *When you travel, do you visit museums?*
Quando viaggi, visiti chiese e cattedrali? — *When you travel, do you visit churches and cathedrals?*

Examples of answers

Uscire
No, resterò a casa.
Sì, uscirò con amici.
Esco di casa alle 8 di mattina.

No, I will stay at home.
Yes, I'm going out with friends.
I leave the house at 8 in the morning.

Prendere
No, non prenderò il pullman.
A volte.

No, I won't take a bus.
Sometimes.

Guidare
Sì, guiderò per andare a casa.
No, non guido ogni giorno.
Sì, mi piace guidare.

Yes, I'm driving home.
No, I don't drive every day.
Yes, I like to drive.

Volere
Voglio dormire.
Voglio mangiare le patatine fritte.
Voglio andare al Lago di Garda in Italia.

I want to sleep.
I want to eat chips/French-fries.
I want to travel to Lake Garda in Italy.

Nuotare
Sì, nuoto nel mare.
Sì, a volte.

Yes, I swim in the sea.
Yes, sometimes.

Visitare
Sì, visito musei.
Sì, mi piace visitare cattedrali.

Yes, I visit museums.
Yes, I like to visit cathedrals.

SET 6

TENSE FOCUS

PRESENT
(Presente Indicativo)
FUTURE
(Futuro Semplice)

MAIN VERBS

PIOVERE[1] = TO RAIN
FARE SERENO[2] = TO BE SUNNY
POTERE[3] = CAN / TO BE ABLE TO
CAPIRE[4] = TO UNDERSTAND
RICEVERE = TO RECEIVE
RICORDARSI[5] = TO REMEMBER

---

[1] For this verb you will only ever use the third person singular *it*.
Present Tense: "Pio**v**e" = "It rains". Future Tense: "Pio**verà**" = "It will rain".

[2] This is really just the verb **Fare**. As it refers to weather, only the third person will be needed: "**Fa** sereno" = "It is sunny" / "Far**à** sereno" = "It will be sunny".

[3] **Irregular verb**: "I can" = "Io p**osso**" / "You can" = "Tu p**uoi**".

[4] This verb belongs to the second group of verbs ending in **-IRE**. Main endings: **-isco**/-**isci** "Io cap**isco**" = "I understand" / "Tu cap**isci**" = "You understand".

[5] This is a reflexive verb which means *To remind oneself*, it requires the personal pronouns **mi/ti** for me/you. Example: "**Mi** ricord**o**" = "I remember *"* LIT = "I remind myself".

SET 6

PIOVERE
FARE SERENO
POTERE

CAPIRE
RICEVERE
RICORDARSI

SUGGERIMENTI COMPLEMENTARI

CREDO DI SÌ
CREDO DI NO
SPERO DI SÌ
SPERO DI NO
PROBABILMENTE
SICURAMENTE
A VOLTE
NON LO SO

Answer these questions

Piovere	Pioverà domani?	*Is it going to rain tomorrow?*
	Pioverà al fine settimana?	*Is it going to rain at the weekend?*
	Piove molto nel tuo paese?	*Does it rain a lot in your country?*
Fare Sereno	Farà sereno domani?	*Is it going to be sunny tomorrow?*
	Farà sereno al fine settimana?	*Is it going to be sunny at the weekend?*
Potere	Puoi studiare l'italiano ogni giorno?	*Can you study Italian every day?*
	Puoi bere birra?	*Can you drink beer?*
	Puoi mangiare carne?	*Can you eat meat?*
	Puoi dormire fino a mezzo giorno?	*Can you sleep until midday?*
Capire	Capisci lo spagnolo?	*Do you understand Spanish?*
	Capisci tutto in Italiano?	*Do you understand everything in Italian?*
	Capisci quello che sto dicendo adesso?	*Do you understand what I am saying now?*
	Capisci il calcio?	*Do you understand football?*
Ricevere	Per il tuo compleanno, riceverai molti regali?	*On your birthday, are you going to receive many presents?*
	Riceverai molti regali a Natale?	*Will you receive many presents at Christmas?*
	Ricevi molte lettere?	*Do you receive many letters?*
	Ricevi uova di cioccolato a Pasqua?	*Do you receive chocolate eggs at Easter?*
Ricordarsi	Ti ricorderai i verbi nuovi domani?	*Will you remember the new verbs tomorrow?*
	Ti ricorderai le parole nuove domani?	*Will you remember the new words tomorrow?*
	Ti ricordi cosa vuol dire la parola 'Pasqua'?	*Do you remember what the word 'Easter' means?*

Examples of answers

Piovere	Probabilmente.	*Probably.*
	Certamente!	*Definitely.*
Fare sereno	Credo di no.	*I don't think so.*
	Credi di sì.	*I think so.*
Potere	Sì, posso.	*Yes, I can.*
	No, non posso.	*No, I can't.*
Capire	Sì, capisco.	*Yes, I understand.*
	No, non capisco.	*No, I don't understand.*
Ricevere	Spero di sì.	*I hope so.*
	Forse.	*Maybe.*
	Non lo so.	*I don't know.*
Ricordarsi	Sì, mi ricorderò.	*Yes, I will remember.*
	Spero di sì.	*I hope so.*

UNITÀ 3
PASSATO, ABILITÀ, CONOSCENZA, PERMESSO E CAPACITÀ

SET 7

TENSE FOCUS

PAST[1]
(Passato Prossimo)

MAIN VERBS

PRENDERE = TO TAKE / TO HAVE / TO PICK UP
PRANZARE = TO EAT LUNCH
DARE= TO GIVE
ANDARE[2] = TO GO
GUARDARE = TO WATCH
ASCOLTARE = TO LISTEN

---

[1] This tense is formed with the present tense of the auxiliary verbs **Essere/Avere** + the **Past Participle** of the verb in question. The Past Participle has the endings **-ato -uto -ito**; Examples: "Io **ho** mangi**ato**" = "I have eaten" / "Tu **hai** dorm**ito**" = "You have slept" — with the exception of irregular Past Participles.
Common Irregular Past Participles: Fare > **Fatto**; Prendere > **Preso**.
[2] **Irregular verb**: "I go" = "Io **vado**" / "You go" = "Tu **vai**".

SET 7

PRENDERE
PRANZARE
DARE

ANDARE
GUARDARE
ASCOLTARE

SUGGERIMENTI COMPLEMENTARI

GIÀ

ANCORA NO

IERI

DOMANI

LA SETTIMANA SCORSA

IL MESE SCORSO

L'ANNO SCORSO

Answer these questions

Prendere   Hai già preso il caffè oggi?   *Have you had coffee today?*

Hai preso il treno oggi?   *Did you take the train today?*

Hai già preso le ferie quest'anno?   *Have you taken any holidays this year?*

Prendi sempre il sole d'estate?   *Do you always sunbathe in the summer?*

Pranzare   Hai già pranzato?   *Have you had lunch?*

A che ora pranzi di solito?   *What time do you normally have lunch?*

Hai già pranzato in un ristorante Italiano?   *Have you ever had lunch in an Italian restaurant?*

Dare   Hai dato molti regali il Natale scorso?   *Did you give many presents last Christmas?*

Hai dato regali ai tuoi amici quest'anno?   *Did you give presents to your friends this year?*

Hai mai dato lezioni?   *Have you ever taught classes?*

Dai la mancia quando mangi fuori?   *Do you tip when you eat out?*

Andare   Sei mai andato a Paris?   *Have you ever been to Paris?*

Sei mai andato in Italia?   *Have you ever been to Italy?*

Sei mai andato a Napoli?   *Have you ever been to Naples?*

Qual'è il posto più interessante dove sei andato?   *What was the most interesting place that you have ever been to?*

Guardare   Hai guardato film ieri?   *Did you watch any movies yesterday?*

Hai mai guardato film italiani?   *Have you ever watched Italian movies?*

Hai mai guardato opere teatrali?   *Have you seen any plays this year?*

Ascoltare   Hai ascoltato musica stamattina?   *Did you listen to music this morning?*

Hai mai ascoltato Il Cielo in Una Stanza?   *Have you ever listened to Il Cielo in una Stanza?*

Examples of answers

Prendere	Sì, ho preso il caffè alle 9.	*Yes, I had coffee at 9 o'clock.*
	Sì, l'ho già preso.	*Yes, I have taken it.*
	Sì, prendo sempre il sole d'estate.	*Yes, I always sunbathe in the summer.*
Pranzare	No, non ho ancora pranzato.	*No, I've not had lunch yet.*
	No, non ho mai pranzato in un ristorante italiano.	*No, I've never eaten in an Italian restaurant.*
Dare	Sì, ho dato dei regali alla mia famiglia.	*Yes, I gave my family some presents.*
	No, non ho mai dato lezioni.	*No, I never taught classes.*
	Sì, do sempre la mancia quando mangio fuori.	*Yes, I always tip when I eat out.*
Andare	Sì, ci sono già andato.	*Yes, I've been there.*
	No, ancora no.	*No, not yet.*
Guardare	No, non ne ho visti.	*No, I didn't watch/see any.*
	Sì, ne ho visti.	*Yes, I did watch/see some.*
Ascoltare	No, non ho ancora ascoltato musica oggi.	*No, I have not listened to music today.*
	Sì, l'ho ascoltata. Mi piace molto la musica italiana.	*Yes, I've listened to it. I like Italian music.*

SET 8

PRESENT
(Presente Indicativo)
PAST[1]
(Passato Prossimo)

MAIN VERBS

PAGARE = TO PAY
ORDINARE = TO ORDER / TO ASK FOR
PROVARE = TO TRY
DIMENTICARSI[2] = TO FORGET
PERDERE = TO LOSE
ANDARE IN[3] = TO RIDE

---

[1] This tense is formed with the present tense of the auxiliary verbs **Essere/Avere** + the **Past Participle** of the verb in question. The Past Participle has the endings **-ato -uto -ito**; Examples: "Io **ho** mang**iato**" = "I have eaten" / "Tu **hai** dorm**ito**" = "You have slept" — with the exception of irregular Past Participles.
Common Irregular Past Participles: Chiedere > **Chiesto** / Perdere > **Perso**.
[2] **Reflexive Verb**: it needs the personal pronouns **mi/ti** for me/you. Example: "Io **mi** dimentic**o**" = "I forget" / "Tu **ti** dimentic**hi**" = "you forget" LIT: To forget oneself .
[3] **Andare** usually only means **to go**, but when followed by "in" it means **to ride**.

SET 8

PAGARE ORDINARE PROVARE

DIMENTICARSI PERDERE ANDARE (IN)

SUGGERIMENTI COMPLEMENTARI

GIÀ
ANCORA NO
IERI
DOMANI
LA SETTIMANA SCORSA
IL MESE SCORSO
L'ANNO SCORSO

Answer these questions

Pagare   Hai già pagato la bolletta elettrica questo mese? / *Have you paid the electricity bill this month?*
Hai pagato molto per il tuo telefonino? / *Did you pay a lot of money for your phone?*
Quando vai al ristorante con amici, paghi sempre il conto per tutti? / *When you go to the restaurant with friends, do you always pay the bill for everyone?*

Ordinare   Hai ordinato una pizza a domicilio ieri? / *Did you order a pizza delivery yesterday?*
Hai mai ordinato dal ristorante cinese? / *Have you ever ordered from the Chinese Take away?*
Quando vai al ristorante, che cosa ordini di solito da bere? / *When you go to the restaurant, what do you normally order to drink?*

Provare   Hai mai provato i cannelloni con la ricotta e gli spinaci? / *Have you ever tried cannelloni with ricotta and spinach?*
Hai mai provato la grappa[1]? / *Have you ever tried 'grappa'?*
Hai mai provato un arancino[2]? / *Have you ever tried an 'arancino'?*
Qual'è il cibo più buono che hai mai provato? / *What is the best food you have ever tried?*

---

[1] Traditional Italian liqueur.
[2] There are different types of 'arancino'. An arancino is a ball of rice, covered in breadcrumbs, and deep fried, it often has a filling of cheese or ragù (Bolognese sauce) and the rice can be saffron risotto, or rice with peas and ham.

Dimenticarsi	Ti sei mai dimenticato il nome di qualcuno?	*Have you ever forgotten someone's name?*
	Ti sei mai dimenticato di pagare il conto?	*Have you ever forgotten to pay the bill?*
	Ti sei mai dimenticato un appuntamento?	*Have you ever forgotten an appointment?*
	Ti sei mai dimenticato parole?	*Have you ever forgotten words?*
Perdere	Hai mai perso il filo del discorso?	*Have you ever lost your train of thought?*
	Hai mai perso i soldi?	*Have you ever lost money?*
	Hai mai perso il pullman?	*Have you ever missed the bus?*
Andare (in)	Sei mai andato in bicicletta?	*Have you ever ridden a bicycle?*
	Sei mai andato in moto?	*Have you ever ridden a motorbike?*
	Sei mai andato in mongolfiera?	*Have you ever been in a hot-air balloon?*
	Sei mai andato in moto d'acqua?	*Have you ever ridden a jet-ski?*

Examples of answers

Pagare	Sì, ho già pagato.	*Yes, I already paid.*
	No, il mio telefonino è costato poco.	*No, my phone was cheap.*
	No, non pago mail il conto per tutti. Lo dividiamo.	*No, I never pay the bill for everyone. We split it.*
Ordinare	No, ma l'ho ordinata la settimana scorsa.	*No, I did not, but I ordered it last week.*
	Sì, ho già ordinato cibo cinese.	*Yes, I've ordered Chinese food.*
	Di solito ordino una bibita gasata.	*Usually I order a fizzy drink.*
Provare	Sì, ho già provato.	*Yes, I've tried.*
	No, non l'ho ancora provato.	*No, I have not tried it yet.*
Dimenticarsi	No, mai.	*No, never.*
	Sì, mi dimentico sempre le parole.	*Yes, I always forget words.*
Perdere	Sì, mi sono perso una volta.	*Yes, I got lost once.*
	Sì, ho perso il pullman ieri.	*Yes, I missed the bus yesterday.*
Andare (in)	Sì, ci sono andato.	*Yes, I have.*
	Sì, l'anno scorso.	*Yes, last year.*
	Ancora no.	*Not yet.*

SET 9

TENSE FOCUS

PRESENT
(Presente Indicativo)
PAST
(Passato Prossimo)

MAIN VERBS

SAPERE[1] = TO KNOW (SKILLS, FACTS)
CONOSCERE = TO MEET (FIRST TIME) / TO KNOW (SOMEONE, PLACE)
INCONTRARE = TO MEET UP / TO FIND
POTERE[2] = CAN (CAPACITY)
RIMANERE[3] = TO REMAIN / TO STAY
AIUTARE = TO HELP

---

[1] **Irregular verb**: "I know" = "Io so" / "You know" = "Tu sai".

[2] **Irregular verb**: "I can" = "Io posso" / "You can" = "Tu puoi".

[3] **Irregular verb**: "I remain" / "Io rimango" = "You remain" / "Tu rimani".

SET 9

SAPERE
CONOSCERE
INCONTRARE

POTERE
RIMANERE
AIUTARE

SUGGERIMENTI COMPLEMENTARI

GIÀ
ANCORA NO
IERI
DOMANI
LA SETTIMANA SCORSA
IL MESE SCORSO
L'ANNO SCORSO

Answer these questions

Sapere

Sai quando l'Italia è stata fondata?	*Do you know when Italy was founded?*
Sai quando il computer è stato inventato?	*Do you know when the computer was invented?*
Sai quand'è la prossima Coppa del Mondo?	*Do you know when the next World Cup will be?*
Sai nuotare?	*Can you swim?*
Sai cucinare?	*Can you cook?*
Sai suonare il pianoforte?	*Can you play the piano?*
Sai parlare altre lingue?	*Can you speak other languages?*

Conoscere

Conosci Londra?	*Do you know London?*
Conosci l'Italia?	*Do you know Italy?*
Conosci i miei fratelli?	*Do you know my siblings?*
Conosci il libro 'Il Nome della Rosa'?	*Do you know the book 'The Name of the Rose'?*
Dove hai conosciuto i tuoi migliori amici?	*Where did you meet your best friends?*
Dove hai conosciuto il tuo ragazzo / la tua ragazza / marito / moglie?	*Where did you meet your boyfriend / girlfriend / husband / wife?*

Incontrare

Hai incontrato i tuoi amici la settimana scorsa?	*Did you meet your friends last weekend?*
Hai incontrato molti italiani qui?	*Have you met many Italians here?*
Incontri qualcuno domani?	*Are you meeting someone tomorrow?*

Potere	Puoi tenere il fiato per cinque minuti?	*Can you hold your breath for five minutes?*
	Puoi stare sveglio per 24 ore?	*Can you stay awake for 24 hours?*
	Puoi correre per 5 chilometri?	*Can you run 5 kilometres?*
	Puoi pensare in italiano?	*Can you think in Italian?*
Rimanere	Sei rimasto a casa lo scorso weekend?	*Did you stay at home last weekend?*
	Quando sei rimasto a lavoro fino a tardi di recente?	*When was the last time you stayed in work late?*
	Rimani calmo sotto pressione?	*Do you remain calm under pressure?*
	Sai rimanere a galla nel mare?	*Do you know how to stay afloat in the sea?*
	Rimani qui d'estate o vai all'estero?	*Do you stay here in the summer or do you go abroad?*
	Rimani in contatto con vecchi amici?	*Do you stay in contact with all friends?*
Aiutare	Aiuti sempre la tua famiglia?	*Do you always help your family?*
	Hai aiutato qualcuno oggi?	*Did you help anyone today?*
	Ti piace aiutare la gente?	*Do you like helping people?*
	I tuoi amici ti aiutano sempre?	*Do your friends always help you?*

Examples of answers

Sapere
No, non lo so. — *No, I don't know.*
Credo che sia stato negli anni sessanta (60). — *I think it was in the sixties.*
La prossima Coppa del Mondo è quest'estate. — *The next World Cup will be this summer.*
Sì, lo so. — *Yes, I know.*

Conoscere
Sì, lo/la/li/le[1] conosco. — *Yes, I know it/them.*
No, non lo conosco. — *No, I don't know it.*
L'ho conosciuta a scuola. — *I met her in school.*

Incontrare
No, non ho incontrato nessuno. — *No, I didn't meet anyone.*
Sì, incontrerò i miei colleghi. — *Yes, I'll meet my co-workers.*

Potere
Sì, posso. — *Yes I can.*
No, non posso. — *No I can't.*

Rimanere
No, non sono rimasto a casa. Sono uscito con i miei amici. — *No, I didn't stay in. I went out with my friends.*
Sono rimasto a lavoro fino a tardi l'altro giorno. — *I stayed in work late the other day.*

Aiutare
Sì, aiuto sempre la mia famiglia. — *Yes, I always help my family.*
Sì, a volte i miei amici mi aiutano. — *Yes, sometimes my friends help me.*

[1] **Lo** = to refer to masculine singular nouns. **La** = to refer to feminine singular nouns. **Li** = to refer to masculin plurals. **Le** = to refer to feminine plurals.

UNITÀ 4

INDICATIVO IMPERFETTO, PRESENTE PROGRESSIVO, AZIONI ABITUALI

SET 10

TENSE FOCUS

PRESENT
(Presente Indicativo)
PAST
(Passato Prossimo)
DISTANT PAST[1]
(Indicativo Imperfetto)

MAIN VERBS

GIOCARE = TO PLAY (SPORTS / GAMES)
SUONARE = TO PLAY (MUSIC / INSTRUMENTS)
RIDERE = TO LAUGH
CANTARE = TO SING
BALLARE = TO DANCE
DISEGNARE = TO DRAW

---

[1] The **Indicativo Imperfetto** tense is commonly encountered in distant past contexts. Main conjugation endings: **-avo** / **-avi**; Examples: Io parl**avo** (I used to speak) / Io mangi**avo** (I used to eat).

SET 10

GIOCARE   CANTARE
SUONARE   BALLARE
RIDERE   DISEGNARE

SUGGERIMENTI COMPLEMENTARI

UNA VOLTA
IN PASSATO
PRIMA
TANTO TEMPO FÀ
QUANDO ERO

Answer these questions

Giocare	Giocavi a calcio una volta?	*Did you play football (in the past)?*
	Giocavi a basket una volta?	*Did you play basketball (in the past)?*
	Che altri sport giocavi una volta?	*What other sports did you play (in the past)?*
	Giocavi ai videogiochi quando eri bambino?	*Did you play video games as a child?*
	Giochi a scacchi?	*Do you play chess?*
	Hai mai giocato a dama?	*Have you ever played checkers?*
Suonare	Suoni il flauto?	*Do you play the flute?*
	Suoni uno strumento?	*Do you play an instrument?*
	Suonavi il pianoforte da bambino?	*Did you used to play the piano when you were a child?*
	Suoni canzoni di Natale il giorno di Natale?	*Do you play Christmas songs on Christmas Day?*
Ridere	Ridevi molto da bambino?	*Did you used to joke a lot when you were a child?*
	Ridevi più a scuola o fuori con i tuoi amici?	*Did you laugh more at school or out with your friends?*
	Ridevi molto con la tua famiglia?	*Did you laugh a lot with your family?*
	Avevi un amico che ti faceva ridere tanto?	*Did you have a friend who made you laugh a lot?*
	Ridevi quando guardavi i cartoni?	*Did you laugh when you watched cartoons?*

Cantare	Canti bene?	*Do you sing well?*
	Cantavi da bambino?	*Did you sing when you were a child?*
	Sai cantare qualche canzone italiana?	*Can you sing songs in Italian?*
	Chi è il tuo cantante preferito?	*Who is your favourite singer?*
Ballare	Sai ballare?	*Can you dance?*
	Ti piaceva ballare da bambino?	*Did you like to dance when you were a child?*
	Hai mai ballato la salsa, la lambada, il tango o altri stili di ballo?	*Have you ever danced salsa, lambada, tango or any other dance style?*
	Vai a ballare al fine settimana?	*Do you go out to dance at the weekend?*
Disegnare	Disegni bene?	*Do you draw well?*
	Disegnavi molto da bambino?	*Did you draw much when you were a child?*
	Ti piace disegnare?	*Do you like to draw?*

Examples of answers

Giocare Sì, una volta giocavo molto a calcio. *Yes, I used to play football.*

No, non ho mai giocato a basket. *No, I never played basketball.*

Suonare No, no suono strumenti. *No, I do not play.*

Da bambino suonavo il violino. *When I was a child I used to play the violin.*

Ridere Sì, da bambino ridevo sempre. *Yes, when I was a child I used to play all the time.*

Ridevo più fuori con gli amici. *I laughed more out with my friends.*

Sì, ridevo molto quando guardavo i cartoni. *Yes, I laughed a lot when I watched cartoons.*

Cantare No, non so cantare. *No, I can't sing.*

No, da bambino non cantavo. *No, I didn't used to sing when I was a child.*

Io so solo cantare la canzone *'Generale'.* *I can only sing the song 'Generale'.*

Ballare Sì, so ballare. *Yes, I can dance.*

Sì, mi piaceva molto ballare da bambino. *I loved dancing when I was a child.*

Sì ho ballato la salsa. *I have danced the salsa.*

Disegnare Più o meno, non so disegnare molto bene. *More or less. I do not draw very well.*

Da bambino disegnavo sempre. *When I was a child I used to draw all the time.*

SET 11

TENSE FOCUS

PRESENT
(Presente Indicativo)
PAST
(Passato Prossimo)
DISTANT PAST[1]
(Indicativo Imperfetto)

MAIN VERBS

AVERE[2] = TO HAVE / TO BE (AGE)
CREDERE = TO BELIEVE
CUCINARE = TO COOK
DORMIRE = TO SLEEP
ANDARE = TO GO
SALIRE = TO GO UP / TO CLIMB

---

[1] The **Indicativo Imperfetto** tense is commonly encountered in distant past contexts. Main conjugation endings: **-avo** / **-avi**; Examples: Io parl**avo** (I used to speak) / Io mangi**avo** (I used to eat).

[2] **Irregular verb**: "I have" = "Io **ho**" / I used to have = "Io **avevo**".

SET 11

AVERE
CREDERE
CUCINARE

DORMIRE
ANDARE
SALIRE

SUGGERIMENTI COMPLEMENTARI

UNA VOLTA
IN PASSATO
PRIMA
TANTO TEMPO FÀ
QUANDO ERO
QUANDO AVEVO

Answer these questions

Avere

Avevi molti amici da bambino?

Did you have many friends as a child?

Avevi animali domestici?

Did you have any pets?

Da bambino, avevi Lego?

When you were a child, did you have Lego?

Avevi paura del buio?

Were you afraid of the dark?

Avevi paura dei ragni? Ne hai ancora paura?

Were you afraid of spiders? Are you still afraid of them?

Una volta, avevi più tempo libero di adesso?

In the past, did you have more spare time than you do now?

Credere

Da bambino, credevi in Babbo Natale?

When you were little, did you believe in Santa Claus?

E la Fatina dei Dentini, credevi in lei?

What about the tooth fairy, did you believe in her?

Credi nei fantasmi?

Do you believe in ghosts?

Cucinare

Da bambino, chi ti cucinava da mangiare?

When you were a child, who used to cook your food?

Quanti anni avevi quando hai imparato a cucinare?

How old were you when you learned to cook?

Tua nonna ti cucinava mai qualcosa? Per esempio: polpettoni, arrosti, ecc.

Did your grandmother used to cook? For example: meatloafs, roasts, etc.

Dormire	Da bambino, a che ora dormivi di solito la sera?	*What time did you usually go to bed when you were a child?*
	Ti piaceva dormire?	*Did you like to sleep?*
	Dormivi mai a casa dei tuoi amici?	*Did you used to sleep at your friends' houses?*
	E i tuoi amici, dormivano mai a casa tua?	*What about your friends, did they sleep at your house?*
Andare	Andavi mai al cinema con i tuoi amici da giovane?	*Did you used to go to the cinema with your friends when you were young?*
	Andavi mai al parco dei divertimenti?	*Did you used to go to amusement parks?*
	Andavi mai a concerti?	*Did you used to go to music concerts?*
	Andavi a scuola da bambino?	*How did you used to go to school when you were a child?*
Salire	Da bambino, salivi mai sugli alberi?	*When you were a child, did you climb trees?*
	E salivi mai sui muri?	*And did you used to climb walls?*
	Salivi mai sul guarda roba?	*Did you used to climb on top of the wardrobe?*
	Salivi mai sulle scale mobili nel senso opposto?	*Did you climb escalators in the opposite direction?*

Examples of answers

Avere
Sì, avevo molti amici
No, non avevo animali domestici.

No, non avevo paura del buio.

Yes, I had many friends.
No, I didn't have any pets.

No, I was not afraid of the dark.

Credere
Sì, ci credevo.
No, non ci credevo.

Yes, I believed in it.
No, I didn't believe in it.

Cucinare
Mia mamma mi cucinava da mangiare.

Avevo quindici anni quando ho imparato a cucinare.

Sì, mia nonna cucinava molti piatti deliziosi.

My mother used to cook my food.

I was fifteen when I learned to cook.

Yes, my grandmother used to cook many delicious dishes.

Dormire
Di solito, dormivo alle nove.

Sì, dormivo a casa di amici.

Normally, I used to go to bed at nine o'clock.

Yes, I used to sleep at friends' houses.

Andare
Sì, andavo al cinema spesso da giovane.
Andavo a scuola a piedi.

Yes, I used to go to the cinema a lot when I was young.
I used to go to school on foot.

Salire
Sì, salivo sempre sugli alberi.
No, non salivo sui muri.
Sì, salivo sulle scale mobili nel senso opposto.

Yes, I always used to climb trees.
No, I didn't used to climb walls.
Yes, I used to climb escalators in the opposite direction.

SET 12

TENSE FOCUS

DISTANT PAST[1]
(Indicativo Imperfetto)
PAST CONTINUOUS[2]
(Passato Progressivo)

MAIN VERBS

STARE = TO STAY
PARTIRE = TO LEAVE / DEPART
CHIACCHIERARE = TO CHAT
VESTIRSI[3] = TO WEAR / TO DRESS
VOLERE[4] = TO WANT
INSEGNARE = TO TEACH

---

[1] The **Indicativo Imperfetto** tense is commonly encountered in distant past contexts. Main conjugation endings: **-avo / -avi**; Examples: Io parl**avo** (I used to speak) / Io mangi**avo** (I used to eat).

[2] This tense is formed by first conjugating the verb **Stare** in the **Indicativo Imperfetto** (**-avo**) then adding the **gerund**, which is formed by the terminations -**ando** and -**endo**. Examples: Io **stavo** parl**ando** (I was speaking) / Io **stavo** dorm**endo** (I was sleeping).

[3] This is a reflexive verb which means *To dress oneself* — it requires the personal pronouns **mi/ti** for me/you. Example: "**Mi** vesto" = "I dress myself".

[4] **Irregular verb:** "Io **voglio**" = "I want" / "Tu **vuoi**" = "You want".

SET 12

STARE
PARTIRE
CHIACCHIERARE

VESTIRSI
VOLERE
INSEGNARE

SUGGERIMENTI COMPLEMENTARI

UNA VOLTA
IN PASSATO
PRIMA
TANTO TEMPO FÀ
QUANDO ERO
QUANDO AVEVO

Answer these questions

Stare	Che stavi facendo oggi alle 5 di mattina?	*What were you doing today at 5 in the morning?*
	Che stavi facendo oggi alle 8 di mattina?	*What were you doing today at 8 in the morning?*
	Sei stato a casa quando ti sei svegliato?	*Did you stay at home when you woke up?*
	Dove stavi ieri alle 7 di sera? Con chi eri?	*Where were you yesterday at 7 in the evening? Who were you with?*
	Stavi lavorando ieri sera?	*Were you working last night?*
Partire	Quando parti in vacanza di solito?	*When do you usually go on holiday?*
	Parti sempre presto di casa la mattina?	*Do you always leave the house early in the morning?*
	Quando parti da lavoro la sera?	*When do you leave work at night?*
	Una volta, partivi in vacanza con la famiglia?	*In the past, did you used to go on holiday with your family?*
	Da bambino sei mai partito in aereo da solo?	*When you were a child, did you ever take the plane by yourself?*
	Da bambino, partivi mai molto presto per le vacanze?	*When you were a child, did you ever leave for the holidays very early?*
Chiacchierare	Chiacchieri con i tuoi amici ogni giorno? Di che cosa?	*Do you talk to your friends every day? About what?*
	Preferisci chiacchierare al telefono o mandando messaggi?	*Do you enjoy talking over the phone more than sending texts?*
	Da bambino, chiacchieravi con i tuoi nonni? Di che cosa?	*When you were a child, did you talk to your grandparents? About what?*
	Quando eri a scuola, chiacchieravi con i tuoi amici in classe?	*When you were at school did you talk to your friends during class?*
	Ti piace chiacchierare con estranei?	*Do you like to talk to strangers?*
	Con chi hai chiacchierato oggi?	*Who did you talk to today?*

Vestirsi	Come ti vesti per lavoro?	*What do you wear for work?*
	Ti vesti diversamente al weekend?	*Do you dress differently at the weekend?*
	Ti piace vestirti formalmente?	*Do you like to dress formally?*
	Ti vesti mai sportivo?	*Do you ever wear sporty clothes?*
	Una volta, ti vestivi diversamente da adesso?	*In the past, did you used to wear very different clothes than today?*
Volere	Da bambino, volevi essere astronauta?	*When you were a child, did you want to be an astronaut?*
	Volevi essere detective?	*Did you want to be a detective?*
	Volevi vivere in un castello?	*Did you want to live in a castle?*
	Volevi essere un ninja?	*Did you want to be a ninja?*
	Cosa vuoi fare in futuro?	*What did you want to be in the future?*
	Vuoi vivere all'estero?	*Did you want to live in another country?*
Insegnare	Insegni lo spagnolo?	*Do you teach Spanish?*
	Insegni l'inglese? E altre lingue?	*Do you teach English? And other languages?*
	Hai mai insegnato a qualcuno come cucinare?	*Have you ever taught anyone how to cook?*
	Insegni cose ai tuoi amici e famiglia?	*Do you teach things to your friends or family?*

Examples of answers

Stare	Alle 5 stavo dormendo.	*At 5am I was sleeping.*
	Alle 8 stavo facendo colazione	*At 8am I was having breakfast.*
	No, non sono stato a casa.	*No, I didn't stay at home.*
Partire	Di solito parto d'estate.	*Yes, I usually travel in the summer.*
	No, di solito parto tardi.	*No, I usually leave late.*
	Sì, partivo sempre in vacanza con la famiglia da bambino.	*At night, I usually watch television.*
	No, da bambino non sono mai partito in aereo da solo.	*No, I've never took a plane by myself as a kid.*
Chiacchierare	Sì, chiacchiero su molte cose.	*Yes, I talk about many things.*
	Mi piace molto chiacchierare al telefono.	*I enjoy talking over the phone more.*
	Sì, mio nonno chiacchierava con me di musica.	*Yes, my grandfather used to talk with me about music.*
	Ho chiacchierato con mia moglie oggi.	*I talked to my wife today.*
Vestirsi	Mi vesto in modo formale, completo e cravatta.	*I wear formal clothes, a suit and a tie.*
	Mi vesto in modo casual al weekend.	*I wear casual clothes at the weekend.*
	Una volta mi vestivo in un modo più confortevole.	*I used to wear more comfortable clothes.*
Volere	Volevo fare il dottore.	*I wanted to be a doctor.*
	Volevo vivere in Spagna.	*I wanted to live in Spain.*
Insegnare	Sì, insegno l'inglese.	*Yes, I teach English.*
	Insegno molte cose ai miei bambini.	*I teach a lot of things to my children.*

UNITÀ 5

TEMPI COMPLESSI E VARIETÀ DI VERBI

SET 13

TENSE FOCUS

CONDITIONAL[1]
(Condizionale Presente)
PAST SUBJUNCTIVE[2]
(Congiuntivo Imperfetto)

MAIN VERBS

PIACERE[3] = TO LIKE / TO ENJOY
MANGIARE = TO EAT
LAVORARE = TO WORK
POTERE = TO CAN / TO BE ABLE TO
FARE[4] = TO DO / TO MAKE
VIVERE[5] = TO LIVE

---

[1] Main conjugation endings: **-erei** / **-eresti**; Examples: Io parl**erei** (I would speak) / Tu parl**eresti** (You would speak) / Io mang**erei** (I would eat) / Tu mang**eresti** (You would eat).

[2] Main conjugation endings: **-assi** Examples: Se io parl**assi** (If I spoke) / Se io mangi**assi** (If I ate).

[3] **To like** in Italian is a passive form which needs **mi** / **ti** (to me, to you). Conditional: mi piac**erebbe** / ti piac**erebbe**.

[4] **Irregular verb**: "I would do" = "Io **farei**".

[5] **Irregular verb**: "I would live" = "Io **vivrei**".

SET 13

PIACERE
MANGIARE
LAVORARE

POTERE
FARE
VIVERE

SUGGERIMENTI COPLEMENTARI

UNA VOLTA
IN PASSATO
PRIMA
TANTO TEMPO FÀ
QUANDO ERO
QUANDO AVEVO

Answer these questions

Piacere   Ti piacerebbe parlare molte lingue?   *Would you like to speak many languages?*

Che paesi o città ti piacerebbe visitare?   *What countries or cities would you like to visit?*

Ti piacerebbe vivere all'estero?   *Would you like to live in other countries?*

Ti piacerebbe imparare a suonare uno strumento musicale? Quale?   *Would you like to learn how to play a musical instrument? Which one?*

Ti piacerebbe imparare a ballare?   *Would you like to learn to dance?*

Mangiare   Mangeresti la buccia di una banana?   *Would you eat a banana skin?*

Mangeresti una formica?   *Would you eat an ant?*

Mangeresti insetti per sopravvivere?   *Would you eat insects to survive?*

Lavorare   Lavoreresti in una fabbrica di sigarette?   *Would you work in a cigarette factory?*

Lavoreresti se tuo marito / tua moglie / compagno/a[1] fosse[2] ricco/a?   *Would you work if your husband / wife / partner was rich?*

Lavoreresti in un negozio che vende la cioccolata?   *Would you work in a chocolate shop?*

Dove ti piacerebbe lavorare?   *Where would you like to work?*

[1] Generally speaking, in Italian nouns ending in **-o** are masculine and ending in **-a** are feminine.
[2] Past Subjunctive of **Essere** (To be) – If he / she were = Se lui / lei **fosse**.

Potere	Se potessi incontrare qualcuno dal passato, chi sarebbe?	*If you could meet someone from the past, who would it be?*
	Se potessi viaggiare domani, dove andresti?	*If you could travel tomorrow, where would you go?*
	Se potessi scegliere un super potere, cosa sarebbe?	*If you could choose a magical power, what would it be?*
	Se potessi essere un animale?	*If you could be an animal, what would you be?*
Fare	Che faresti se vincessi la lotteria?	*What would you do if you won the lottery?*
	Che faresti se trovassi un portafoglio pieno di soldi in strada?	*What would you do if you found a wallet full of money on the street?*
	Che faresti se vedessi un UFO?	*What would you do if you saw a UFO (Unidentified flying object)?*
Vivere	Vivresti in un paese molto freddo?	*Would you live in a very cold country?*
	E vivresti in un paese molto caldo?	*And would you live in a very hot country?*
	Vivresti senza internet?	*Would you live without the internet?*

Examples of answers

Piacere	Sì, mi piacerebbe parlare giapponese.	*Yes, I would like to speak Japanese.*
	Mi piacerebbe visitare l'India.	*I'd like to visit India.*
Mangiare	No, non mangerei una buccia di banana.	*No, I would not eat a banana skin.*
	Sì, mangerei insetti se dovessi, per sopravvivere.	*Yes, I would eat insects if I had to, to survive.*
Lavorare	No, non lavorerei.	*No, I would not work.*
	Lavorerei in un'agenzia spaziale.	*I would like to work in a space agency.*
Potere	So potessi incontrare qualcuno dal passato sarebbe Mozart.	*If I could meet someone from the past I would meet Mozart.*
	Se potessi viaggiare domani andrei in India.	*If I could travel tomorrow I would go to India.*
	Se potessi avere un potere magico, sarebbe l'invisibilità.	*If I could have a magical power, I would have the power to be invisible.*
Fare	Se vincessi la lotteria, viaggerei in giro per il mondo.	*If I won the lottery, I would travel the world.*
	Se trovassi un portafoglio in strada, lo consegnerei alla polizia.	*If I found a wallet on the street, I'd hand it over to the police.*
Vivere	No, non vivrei in un paese freddo.	*No, I would not live in a cold country.*
	Sì, vivrei in un paese caldo.	*Yes, I would live in a hot country.*

SET 14

TENSE FOCUS

ONGOING PAST[1]
(Presente Progressivo)
FUTURE
(Futuro Indicativo)

MAIN VERBS

FARE = TO DO / TO MAKE
RIPOSARSI = TO REST
MANGIARE = TO EAT
SENTIRE = TO FEEL
ANDARE = TO GO
DOVERE = TO MUST

---

[1] In Italian, this tense is replaced by the Presente Progressivo. This tense is formed by first conjugating the verb **Stare**, then adding the gerund, which is formed by the terminations **-ando** or **-endo**; Examples: "I am speaking" = "Io **sto** parl**ando**" / "You are sleeping" = "Tu **stai** dorm**endo**".

SET 14

FARE
RIPOSARSI
MANGIARE

SENTIRE
ANDARE
DOVERE

SUGGERIENTI COMPLEMENTARI

ULTIMAMENTE
RECENTEMENTE
NEGLI ULTIMI GIORNI
QUESTA SETTIMANA

Answer these questions

Fare

Stai facendo molte cose ultimamente?
What have you been up to lately?

Stai facendo molte cose questa settimana?
Have you been doing many things this week?

Stai facendo molte torte?
Have you been making cakes?

Riposarsi

Ti stai riposando molto?
Have you been resting a lot?

Ti riposerai fino a tardi?
Are you going to rest later?

Ti riposerai al weekend?
Are you going to rest at the weekend?

Mangiare

Stai mangiando bene?
Have you been eating well?

Stai mangiando frutta?
Have you been eating fruit?

Che cosa stai mangiando ultimamente?
What have you been eating recently?

Sentire	Ti stai sentendo bene ultimamente?	*Have you been feeling well lately?*
	Come ti stai sentendo oggi?	*How are you feeling today?*
	Ti stai sentendo caldo o freddo oggi?	*Have you been feeling hot or cold in the last few days?*
	Stai sentendo la mancanza[1] della tua famiglia?	*Have you been missing your family?*
Andare	Stai andando al cinema?	*Have you been going to the cinema?*
	Stai andando al teatro?	*Have you been going to the theatre?*
	Stai andando al supermercato?	*Have you been going to the supermarket?*
Dovere	Cosa devi fare oggi?	*What do you need to do today?*
	Quando viaggi, cosa devi portare con te?	*When you travel, what do you normally need to take with you?*
	Devi riposarti adesso?	*Do you need to rest now?*
	Devi andare a dormire presto stasera?	*Do you need to go to bed early today?*
	Devi svegliarti presto domani?	*Do you have to wake up early tomorrow?*
	Pensi di dover mangiare meglio?	*Do you think you need to eat better?*

---

[1] **'Sentire la mancanza'** means 'to miss', as in miss someone, places, etc.

Examples of answers

Fare	Sto lavorando molto.	*I have been working a lot.*
	Sì, sto facendo molte cose.	*Yes, I have been doing many things.*
	No, no sto facendo molte torte.	*No, I haven't been making cakes.*
Riposarsi	No, no mi sto riposando molto.	*No, I haven't been resting much.*
	Sì, mi riposerò un poco.	*Yes, I will rest a little bit.*
	Sì, mi riposerò al weekend.	*Yes, I will rest at the weekend.*
Mangiare	Sì, sto mangiando bene.	*Yes, I have been eating well.*
	No, non sto mangiando frutta.	*No, I haven't been eating fruit.*
Sentire	Sì, mi sto sentendo bene.	*Yes, I have been feeling well.*
	Mi sto sentendo molto bene.	*I'm feeling very well.*
	Sto sentendo il caldo.	*I have been feeling hot.*
	Sì, a volte mi manca la mia famiglia.	*Yes, sometimes I miss my family.*
Andare	No, non sto andando al cinema ultimamente.	*No, I haven't been going to the cinema recently.*
	No, non sto andando al teatro.	*No, I haven't been going to the theatre.*
Dovere	Devo rispondere a e-mail.	*I need to reply to emails.*
	Normalmente devo portare vestiti, soldi e documenti.	*Normally I need to take cash, clothes and documents.*
	Sì, mi devo svegliare presto domani.	*Yes, I have to wake up early tomorrow.*

SET 15

TENSE FOCUS

PRESENT
(Presente Indicativo)
PAST
(Passato Prossimo)

MAIN VERBS

PREFERIRE[1] = TO PREFER
VALERE LA PENA = TO BE WORTH IT
COSTARE = TO COST
PIACERE = TO LIKE / TO ENJOY
SUCCEDERE = TO HAPPEN
DIRE[2] = TO SAY

_____

[1] **Irregular verb**: "I prefer" = "Io **prefisco**".
[2] **Irregular verb**: "I say" = "Io **dico**" / "You say" = "Tu **dici**".

SET 15

PREFERIRE
VALERE LA PENA
COSTARE

PIACERE
SUCCEDERE
DIRE

SUGGERIMENTI COMPLEMENTARI

QUANDO ERO
QUANDO AVEVO
UN GIORNO
CREDO DI SÌ
CREDO DI NO
OGNI TANTO
A VOLTE

Answer these questions

Preferire	Preferisci andare in Francia o Spagna?	*Would you prefer to travel to Italy or France?*
	Preferisci dormire o studiare?	*Do you prefer to sleep or to study?*
	Preferisci mangiare la pizza o la cucina cinese?	*Do you prefer to eat pizza or Chinese food?*
	Preferisci nuotare nel mare o nella piscina?	*Do you prefer to swim in the sea or in a swimming pool?*
Valere la pena	Ne vale la pena di viaggiare una volta all'anno? Perché?	*Is it worth it to travel once a year? Why?*
	Ne vale la pena di andare a un paese lontano e costoso?	*Is it worth it to travel to somewhere far away and expensive?*
	Ne vale la pena di mangiare in un ristorante? Perché?	*Is it worth it to eat in restaurants? Why?*
	Ne vale la pena di lavorare molto?	*Is it worth it to work a lot?*
	Ne vale la pena di dormire tante ore?	*Is it worth it to sleep for many hours?*
Costare	Sai quanto costa viaggiare dall'Italia agli Stati Uniti?	*Do you know how much it costs to travel from Europe to the United States?*
	Sai quanto costa il tuo telefonino?	*Do you know how much your telephone costs?*
	Sai quanto costa una Ferrari?	*Do you know how much a Ferrari costs?*
	Sai quanto costa un appartamento nel centro della tua città?	*Do you know how much an apartment costs in the centre of your home town/city?*
	Sai quanto costa un appuntamento dal dentista?	*Do you know how much a dentist appointment costs?*
Piacere	Ti piace...	*Do you enjoy...*
	... mostrare video ai tuoi amici?	*... showing videos to your friends?*
	... sdraiarti sul divano?	*... lying on the sofa?*
	... invitare amici ad andare fuori?	*... inviting friends to go out?*

... ricevere amici a casa tua? — *... entertaining friends at home?*
... chiedere domande? — *... asking questions?*
... chiamare amici? — *... calling your friends?*
... ridere? — *... laughing?*
... annusare le candele? — *... smelling candles?*
... annusare i libri? — *... smelling books?*
.... raccontare storie? — *... telling stories?*
... scoprire cose nuove? — *... discovering new things?*
... ricordare il passato? — *... remembering the past?*
... pensare al futuro? — *... thinking about the future?*
... guardare fuori dalla finestra? — *... looking out of the window?*
... sognare? — *... dreaming?*
... fare paura agli altri? — *... scaring others?*
... piangere? — *... crying?*
... memorizzare i verbi? — *... memorising verbs?*

Succedere

Ti è mai successo di cadere in un buco? — *Have you ever fallen into a hole?*

Ti è mai successo di aver avuto un problema in un ristorante e di aver dovuto riferire al manager? — *Has it ever happened to you to have a problem in a restaurant and have to complain to the manager?*

Ti è mai successo di aver letto qualcosa e di non aver capito niente? — *Have you ever read something you didn't understand at all?*

Dire

Cosa dici quado ci sono persone davanti e devi passare? — *What do you say when there are people in the way and you need to pass?*

Cosa dici quando qualcuno ti da un regalo? — *What do you say when someone gives you a gift?*

Cosa dici quando pesti il piede a qualcuno? — *What do you say when you step on someone's foot?*

Cosa dici quando fai un toast? — *What do you say when you make a toast?*

Cosa dici quando qualcuno starnutisce? — *What do you say when someone sneezes?*

Cosa dici quando stai studiando, ma qualcuno ti da fastidio? — *What do you say when you want to study, but someone is bothering you?*

Examples of answers

Preferire

Preferisco andare in Francia. / *I prefer to travel to France.*

Preferisco studiare. / *I prefer to study.*

Valere la pena

Sì, credo che ne valga[1] la pena. / *Yes, I think it's worth it.*

No, no ne vale la pena. / *No, it's not worth it.*

Ne vale la pena mangiare in ristoranti, perché vuol dire che possiamo riposarci un po' e non dobbiamo cucinare. / *It's worth it to eat in restaurants because we can rest a little bit and we don't need to cook.*

Costare

Costa molto viaggiare dall'Europa agli Stati Uniti. / *It costs a lot to travel from Brazil to Europe.*

Il mio telefonino è costato molto poco, non costa molto. / *My telephone was cheap, it doesn't cost much.*

Una Ferrari è costosissima, costa milioni. / *A Ferrari is very expensive. It costs millions.*

Non so quanto costi un appuntamento dal dentista, ma so che non costa molto. / *I don't know how much an appointment at the dentist's costs, but I don't think it's very expensive.*

Piacere

Sì, mi piace mostrare video online ai miei amici. / *Yes, I enjoy showing online videos to my friends.*

Sì, adoro sdraiarmi sul divano. / *Yes, I love lying down on the sofa.*

No, non mi piace fare domande. / *No, I don't like to ask questions.*

Succedere

Sì, mi è già successo. / *Yes, it has happened to me.*

No, non mi è mai successo. / *No, it has never happened to me.*

Sì, molte volte. / *Yes, many times.*

Dire

Io dico: "Mi scusi." / *I say, 'excuse me.'*

Io dico: "Molte grazie!" / *I say, 'thank you so much!'*

Io dico: "Scusa!" / *I say, 'I'm sorry!'*

Io dico: "Salute!" / *I say, 'cheers!'*

---

[1] In this case, as we're expressing a belief, the Subjunctif is needed: **valga**.

UNITÀ 6

SET TEMATICI

SET 16

SET THEME

OGGETTI SMARRITI
(Lost and Found)

MAIN VERBS

TROVARE = TO FIND
PERDERE = TO LOSE / TO MISS / TO WASTE (TIME)
CERCARE = TO LOOK FOR / TO SEARCH
NASCONDERE = TO HIDE
TENERE = TO KEEP / TO STORE
RICICLARE = TO RECYCLE

SET 16

TROVARE   NASCONDERE
PERDERE   TENERE
CERCARE   RICICLARE

SUGGERIMENTI COMPLEMENTARI

QUANDO ERO
QUANDO AVEVO
UN GIORNO
CREDO DI SÌ
CREDO DI NO
OGNI TANTO
A VOLTE

Answer these questions

Trovare
Hai mai trovato soldi in strada?
Have you ever found any money on the street?

Sai mai andato a trovare un amico all'estero?
Have you ever been to visit a friend abroad?

Hai mai trovato un amico al supermercato?
Have you ever met a friend at the supermarket?

Perdere
Hai mai perso una scommessa?
Have you ever lost a bet?

Hai mai perso tempo dormendo?
Have you ever wasted time sleeping?

Hai mai perso qualcosa di valore in viaggio?
Have you ever lost something valuable on a trip?

Hai mai perso un'opportunità?
Have you ever missed an opportunity?

Hai mai perso un animale domestico?
Have you ever lost your pet?

Cercare
Cerchi mai cose in internet?
Do you search for things on the internet?

Hai mai cercato un hotel?
Have you ever searched for a hotel?

Hai cercato lavoro?
Have you searched for a job?

Hai cercato amici dal passato?
Have you searched for friends from the past?

Nascondere	Hai mai nascosto cioccolato? Da chi?	*Have you ever hidden chocolate? From whom?*
	Ti sei mai nascosto dietro a una porta per fare paura a qualcuno?	*Have you ever hidden behind the door to scare someone?*
	Ti nascondevi quando eri bambino?	*Did you used to hide when you were a child?*
Tenere	Dove tieni i tuoi vestiti? E le tue scarpe?	*Where do you keep your clothes? And your shoes?*
	Dove tieni i tuoi libri?	*Where do you keep your books?*
	Dove tieni le tue foto?	*Where do you store your photos?*
	Dove tieni il tuo spazzolino?	*Where do you keep your toothbrush?*
	Dove tieni il latte, il burro e il formaggio?	*Where do you keep milk, butter and cheese?*
Riciclare	Ricicli qualcosa?	*Do you recycle somethings?*
	Ricicli la carta?	*Do you recycle paper?*
	Ricicli vetro?	*Do you recycle glass?*
	Pensi che riciclare sia importante?	*Do you think recycling is important?*
	Vorresti riciclare più cose?	*Would you like to recycle more things?*

Examples of answers

Trovare
Sì, una volta ho trovato molte monete per terra.
Yes, once I found many coins on the floor.

Sì, ho incontrato un amico nel parco l'anno scorso.
Yes, I met a friend in the park last year.

No, non ho mai incontrato nessuno nel supermercato.
No, I've never met anyone in the supermarket.

Perdere
No, non scommetto.
No, I do not bet.

Sì, perdo spesso tempo dormendo.
Yes, I often waste time sleeping.

No, non ho mai perso niente di valore.
No, I've never lost anything valuable.

Cercare
Sì, cerco cose su internet tutti i giorni.
Yes, I look for things on the internet every day.

Sì, cerco sempre hotel.
Yes, I always look for hotels.

No, non ho mai cercato amici dal passato.
No, I've never looked for friends from the past.

Nascondere
No, non nascondo mai niente.
No, I never hide anything.

Sì, quando ero bambino mi nascondevo molto.
Yes, when I was a child I used to hide a lot.

Tenere
Tengo i miei vestiti nel guardaroba.
I put my clothes in the wardrobe.

Tengo il latte, il burro e il formaggio nel frigo.
I keep milk, butter and cheese in the fridge.

Riciclare
Sì, riciclo tutto.
Yes, I recycle everything.

Sì, riciclare è molto importante per il nostro pianeta.
Yes, recycling is very important for our planet.

Sì, voglio riciclare più rifiuti elettronici.
Yes, I want to recycle more electronic waste.

SET 17

SET THEME

PULIZIA E ORDINE
(Cleanliness and Order)

MAIN VERBS

PULIRE = TO CLEAN
LAVARE = TO WASH
METTERE A POSTO = TO TIDY / TO FIX
FARE DISORDINE = TO MESS UP
SPORCARE = TO DIRTY
ROMPERE = TO BREAK

SET 17

PULIRE   FARE DISORDINE
LAVARE   SPORCARE
METTERE A POSTO   ROMPERE

SUGGERIMENTI COMPLEMENTARI

QUANDO ERO
QUANDO AVEVO
UN GIORNO
CREDO DI SÌ
CREDO DI NO
OGNI TANTO
A VOLTE

Answer these questions

Pulire

Pulisci la casa tutte le settimane?
Do you clean your house every week?

Pulisci il bagno?
Do you clean the bathroom?

Pulisci le finestre?
Do you clean the windows?

Pulisci il giardino?
Do you clean the garden?

Hai mai pulito un ristorante?
Have you ever cleaned a restaurant?

Lavare

Lavi i vestiti tutte le settimane?
Do you wash clothes every week?

Lavi i piatti tutti i giorni?
Do you do the dishes every day?

Ti lavi i capelli tutti i giorni?
Do you wash your hair every day?

Lavi la vasca da bagno?
Do you wash the bath/bathtub?

Mettere a Posto

Metti a posto casa tua spesso?
Do you tidy your house often?

Metti a posto camera tua ogni giorno?
Do you tidy your bedroom every day?

Ti piace mettere a posto le tue cose?
Do you like to tidy up your things?

Da bambino mettevi a posto camera tua?
When you were a child di you tidy up your room?

Fare Disordine	Quando hai amici a casa tua, fanno disordine?	*When you have friends round to your house, do they make a mess?*
	Fai disordine a casa tua tutti i giorni?	*Do you make a mess in the house every day?*
	Metti in disordine il letto mentre dormi?	*Do you mess your bed up when you sleep?*
	Ti piaceva fare disordine da bambino?	*Did you like to make a mess when you were a kid?*
Sporcare	Hai mai sporcato le tue scarpe di fango?	*Have you ever dirtied your shoes with mud?*
	Sporchi la cucina mentre mangi o cucini?	*Do you dirty the kitchen when you are eating or cooking?*
	Hai mai sporcato la tua camicia di sugo di pomodoro?	*Have you ever dirtied your shirt with tomato sauce?*
	Hai mai sporcato i tuoi vestiti di vernice?	*Have you ever dirtied your clothes with paint?*
Rompere	Hai rotto molte cose?	*Have you broken many things?*
	Si è mai rotto il tuo telefono?	*Has your phone ever been broken?*
	Si è mai rotto il tuo computer?	*Has your computer ever been broken?*
	Hai mai rotto qualcosa perché eri arrabbiato?	*Have you ever broken something because you were angry?*
	Hai mai rotto una parte del corpo? Per esempio, una gamba, un braccio, un dente, ecc...	*Have you ever broken any part of your body? For example, a leg, an arm, a tooth, etc...*

Examples of answers

Pulire

Sì, pulisco tutti i giovedì. *Yes, I clean the house every Thursday.*

Sì, a volte pulisco il bagno. *Yes, I clean the bathroom sometimes.*

No, non pulisco mai le finestre. *No, I never clean the windows.*

No, non ho un giardino, vivo in un appartamento. *No, I don't have a garden, I live in an apartment.*

Lavare

No, mio marito pulisce i vestiti. *No, my husband washes the clothes.*

Sì, lavo i piatti tutti i giorni. *Yes, I do the dishes every day.*

No, mi lavo i capelli un giorno sì e uno no. *No, I wash my hair every other day.*

Mettere a posto

Sì, metto a posto la casa molto. *Yes, I tidy the house a lot.*

Sì, metto a posto il letto tutti i giorni. *Yes, I make the bed every day.*

Sì, da bambino mettevo a posto camera mia da solo. *Yes, as a child I tidied up my bedroom on my own.*

Fare Disordine

No, no faccio disordine tutti i giorni. *No, I do not mess up the house every day.*

Sì, quando dormo metto in disordine il letto. *Yes, when I sleep I mess up the bed.*

Da bambino mi piaceva fare disordine. *When I was a child, I enjoyed making a mess.*

Sporcare

Sì, mi sono sporcato le scarpe molte volte. *Yes, I've dirtied my shoes many times.*

A volte sporco la cucina, non sempre. *Sometimes I dirty the kitchen, not always.*

No, non mi sono mai sporcato la camicia. *No, I never dirtied my shirt.*

Rompere

Sì, l'ho rotto. *Yes, I have broken it.*

Il mio telefono si è rotto il mese scorso. *My phone broke last month.*

Mi sono rotto il braccio da bambino. *I broke my arm when I was a child.*

SET 18

SET THEME

POSSESSIONI E PROPRIETÀ
(Ownership and Property)

MAIN VERBS

PRESTARE = TO LEND
RESTITUIRE = TO RETURN / TO GIVE BACK
AFFITTARE / NOLEGGIARE = TO RENT / TO HIRE
PRENOTARE = TO RESERVE / TO BOOK
SCAMBIARE = TO CHANGE / TO EXCHANGE
VENDERE = TO SELL

SET 18

PRESTARE
RESTITUIRE
AFFITTARE / NOLEGGIARE[1]

PRENOTARE
SCAMBIARE
VENDERE

SUGGERIMENTI COMPLEMENTARI

QUANDO ERO
QUANDO AVEVO
UN GIORNO
CREDO DI SÌ
CREDO DI NO
OGNI TANTO
A VOLTE

---

[1] In Italian we use **Affittare** for renting a property and **Noleggiare** for hiring an object, like a car.

Answer these questions

Prestare

Presti cose ai tuoi amici?
Do you lend things to your friends?

Hai mai prestato la tua bici o la tua macchina?
Have you ever lent your bike or your car?

Hai mai prestato soldi?
Have you ever lent money?

Hai mai prestato libri?
Have you ever lent books?

Restituire

Restituisci le cose che ti vengono prestate?
Do you give back the things that people lend to you?

Hai mai comprato qualcosa e averlo restituito perché era guasto?
Have you ever bought something and returned because it was broken?

Hai mai restituito un regalo?
Have you ever returned a present?

Ti sei mai dimenticato di restituire un libro in libreria?
Have you ever forgotten to return a book to a library?

Affittare \ Noleggiare

Hai mai noleggiato una macchina?
Have you ever rented a car?

Hai mai affittato un appartamento per le vacanze?
Have you ever rented a holiday apartment?

Sei in affitto o sei proprietario di casa tua?
Do you rent or live in your own home?

In passato, noleggiavi film dai negozi di noleggio video?
In the past, did you rent films/movies from video rental shops?

Hai mai noleggiato vestiti per un evento?
Have you ever hired clothes for an event?

Prenotare

Prenoti sempre un tavolo prima di andare a mangiare in un ristorante?
Do you always reserve a table before you go to eat at a restaurant?

Dove prenoti hotel?
Where do you book hotels?

Dove prenoti i biglietti dell'aereo o del treno?
Where do you book plane or train tickets?

Quando prenoti un biglietto al cinema o al teatro, prenoti posti vicino o lontano dal palco?
When you go to the cinema or the theatre, do you book seats near the stage or away from the stage?

Scambiare

Hai mai scambiato vestiti in un negozio?
Have you ever exchanged clothes in a store?

Hai mai scambiato regali che non ti piacevano?
Have you ever exchanged a gift you did not like?

Dove scambi i solti per le vacanze?
Where do you exchange money to travel?

Scambieresti il tuo telefonino per uno nuovo?
Would you exchange your phone for a new one?

Scambieresti la tua privacy online per sconti e promozioni?
Would you trade your online privacy for discounts and promotions?

Vendere

Hai mai venduto cose online?
Have you ever sold things online?

Hai cose da vendere?
Do you have things to sell?

Hai mai venduto una macchina, un videogioco o una bicicletta?
Have you ever sold a car, a video game or a bicycle?

Hai mai venduto un telefono?
Have you ever sold a phone?

Sei mai stato un rivenditore?
Have you ever been a seller?

Saresti venditore di gelati su una spiaggia bellissima se potessi vivere lì?
Would you sell ice cream on a beautiful beach if you had the opportunity to live there?

Examples of answers

Prestare
Sì, a volte presto le cose.
Yes, sometimes I do lend things.
Sì, una volta ho prestato la mia bici.
Yes, I lent my bike once.
No, non ho mai prestato libri.
No, I've never lent any books.

Restituire
Sì, restituisco sempre le cose.
Yes, I always return things.
Sì, una volta ho comprato qualcosa di guasto, quindi l'ho restituito.
Yes, once I bought something that was broken, so I returned it.
No, non ho mai restituito un regalo.
No, I never returned a gift.

Noleggiare \ Affittare
Sì, ho noleggiato una macchina molte volte.
Yes, I've rented a car many times.
No, non ho mai affittato un appartamento per le vacanze.
No, I've never rented a holiday/vacation apartment.
Sono in affitto.
I rent.

Prenotare
Prenoto hotel in internet.
I book hotels on the internet.
Prenoto biglietti dell'aereo tramite un'agenzia di viaggi.
I book aeroplane tickets through a travel agency.
Normalmente, prenoto posti lontano dal palco.
Usually, I book seats far from the stage.

Scambiare
Sì, ho scambiato vestiti molte volte.
Yes, I've exchanged clothes many times.
No, non ho mai scambiato un regalo.
No, I've never exchanged a gift.
Normalmente scambio soldi ai negozi di cambio valuta.
Usually I exchange money at an exchange office.

Vendere
No, al momento non ho niente da vendere.
No, at the moment I have nothing to sell.
Sì, ho già venduto una bicicletta.
Yes, I already sold a bicycle.

CONJUGATION TABLES

SET 1
Presente - Verbi Regolari -ARE

		PARLARE	TO SPEAK
1	Io	Parlo	I speak
2	Tu	Parli	You speak
3	Lui	Parla	He speaks
	Lei		She speaks
	Lei (Formal)		You speak (Formal)
4	Noi	Parliamo	We speak
5	Voi	Parlate	You speak (Plural)
6	Loro	Parlano	They speak

SET 2
Presente - Verbi Regolari -ERE

		SCRIVERE	TO WRITE
1	Io	Scrivo	I write
2	Tu	Scrivi	You write
3	Lui	Scrive	He writes
	Lei		She writes
	Lei (Formal)		You write (Formal)
4	Noi	Scriviamo	We write
5	Voi	Scrivete	You write (Plural)
6	Loro	Scrivono	They write

<u>SET 3</u>
Presente - Verbi Regolari -ERE

		VIVERE	TO LIVE
1	Io	Viv**o**	I live
2	Tu	Viv**i**	You live
3	Lui Lei Lei (Formal)	Viv**e**	He lives She lives You live (Formal)
4	Noi	Viv**iamo**	We live
5	Voi	Viv**ete**	You live (Plural)
6	Loro	Viv**ono**	They live

Presente - Verbi Irregolari

		FARE	TO DO / TO MAKE
1	Io	**Facci**o	I do
2	Tu	**Fai**	You do
3	Lui Lei Lei (Formal)	Fa	He does She does You do (Formal)
4	Noi	**Facci**amo	We do
5	Voi	Fate	You do (Plural)
6	Loro	**Fanno**	They do

Creative Italian

		ESSERE	**TO BE**
1	Io	**Sono**	I am
2	Tu	**Sei**	You are
3	Lui / Lei / Lei (Formal)	**È**	He is / She is / You are (Formal)
4	Noi	**Siamo**	We are
5	Voi	**Siete**	You are (Plural)
6	Loro	**Sono**	They are

		STARE	**TO BE (LIT: TO STAY)**
1	Io	Sto	I am
2	Tu	St**ai**	You are
3	Lui / Lei / Lei (Formal)	Sta	He is / She is / You are (Formal)
4	Noi	Stiamo	We are
5	Voi	State	You are (Plural)
6	Loro	St**anno**	They are

		AVERE	**TO HAVE**
1	Io	**Ho**	I have
2	Tu	**Hai**	You have
3	Lui / Lei / Lei (Formal)	**Ha**	He has / She has / You have (Formal)
4	Noi	**Abb**iamo	We have
5	Voi	Avete	You have (Plural)
6	Loro	**Hanno**	They have

SET 4
Presente Progressivo

		STARE + PARLARE	TO BE + TO SPEAK
1	Io	Sto parlando	I am speaking
2	Tu	Stai parlando	You are speaking
3	Lui Lei Lei (Formal)	Sta parlando	He is speaking She is speaking You are speaking (Formal)
4	Noi	Stiamo parlando	We are speaking
5	Voi	State parlando	You are speaking (Plural)
6	Loro	Stanno parlando	They are speaking

Presente – Verbi Riflessivi

		SVEGLIARSI	TO WAKE UP (ONESELF)
1	Io	Mi sveglio	I wake up
2	Tu	Ti svegli	You wake up
3	Lui Lei Lei (Formal)	Si sveglia	He wakes up She wakes up You wake up (Formal)
4	Noi	Ci svegliamo	We wake up
5	Voi	Vi svegliate	You wake up (Plural)
6	Loro	Si svegliano	They wake up

Futuro Indicativo

		PARLARE	TO SPEAK
1	Io	Parlerò	I will speak
2	Tu	Parlerai	You will speak
3	Lui Lei Lei (Formal)	Parlerà	He will speak She will speak You will speak (Formal)
4	Noi	Parleremo	We will speak
5	Voi	Parlerete	You will speak (Plural)
6	Loro	Parleranno	They speak

SET 5
Presente – Verbi Irregolari

		USCIRE	TO GO OUT
1	Io	Esco	I go out
2	Tu	Esci	You go out
3	Lui		He goes out
	Lei	Esce	She goes out
	Lei (Formal)		You go out (Formal)
4	Noi	Usciamo	We go out
5	Voi	Uscite	You go out (Plural)
6	Loro	Escono	They go out

		VOLERE	TO WANT
1	Io	Voglio	I want
2	Tu	Vuoi	You want
3	Lui		He wants
	Lei	Vuole	She wants
	Lei (Formal)		You want (Formal)
4	Noi	Vogliamo	We want
5	Voi	Volete	You want (Plural)
6	Loro	Vogliono	They want

SET 6
Presente – Verbi Irregolari

		POTERE	TO GO OUT
1	Io	Posso	I can
2	Tu	Puoi	You can
3	Lui		He can
	Lei	Può	She can
	Lei (Formal)		You can (Formal)
4	Noi	Possiamo	We can
5	Voi	Potete	You can (Plural)
6	Loro	Possono	They can

		CAPIRE	TO UNDERSTAND
1	Io	Capisco	I understand
2	Tu	Capisci	You understand
3	Lui Lei Lei (Formal)	Capisce	He understands She understands You understand (Formal)
4	Noi	Capiamo	We understand
5	Voi	Capite	You understand (Plural)
6	Loro	Capiscono	They understand

SET 7
Presente Indicativo – Verbi Irregolari

		ANDARE	TO GO
1	Io	Vado	I go
2	Tu	Vai	You go
3	Lui Lei Lei (Formal)	Va	He goes She goes You go (Formal)
4	Noi	Andiamo	We go
5	Voi	Andate	You go (Plural)
6	Loro	Vanno	They go

Passato Prossimo – Verbi -ARE

		PARLARE	TO SPEAK
1	Io	Ho parlato	I have spoken
2	Tu	Hai parlato	You have spoken
3	Lui Lei Lei (Formal)	Ha parlato	He has spoken She has spoken You have spoken (Formal)
4	Noi	Abbiamo parlato	We have spoken
5	Voi	Avete parlato	You have spoken (Plural)
6	Loro	Hanno parlato	They have spoken

Passato Prossimo – Verbi - IRE

		DORMIRE	TO SLEEP
1	Io	Ho dormito	I have slept
2	Tu	Hai dormito	You have slept
3	Lui Lei Lei (Formal)	Ha dormito	He has slept She has slept You have slept (Formal)
4	Noi	Abbiamo dormito	We have slept
5	Voi	Avete dormito	You have slept (Plural)
6	Loro	Hanno dormito	They have slept

Passato Prossimo – Participi Irregolari

		FARE	TO DO / TO MAKE
1	Io	Ho fatto	I have done
2	Tu	Hai fatto	You have done
3	Lui Lei Lei (Formal)	Ha fatto	He has done She has done You have done (Formal)
4	Noi	Abbiamo fatto	We have done
5	Voi	Avete fatto	You have done (Plural)
6	Loro	Hanno fatto	They have done

		VEDERE	**TO SEE**
1	Io	Ho **visto**	I have seen
2	Tu	Hai **visto**	You have seen
3	Lui Lei Lei (Formal)	Ha **visto**	He has seen She has seen You have seen (Formal)
4	Noi	Abbiamo **visto**	We have seen
5	Voi	Avete **visto**	You have seen (Plural)
6	Loro	Hanno **visto**	They have seen

SET 8
Presente Indicativo – Verbi Irregolari

		PAGARE	**TO PAY**
1	Io	Pago	I pay
2	Tu	Paghi	You pay
3	Lui Lei Lei (Formal)	Paga	He pays She pays You pay (Formal)
4	Noi	Paghiamo	We pay
5	Voi	Pagate	You pay (Plural)
6	Loro	Pagano	They pay

Creative Italian

SET 9
Presente Indicativo – Verbi Irregolari

		SAPERE	**TO KNOW (SKILL)**
1	Io	**S**o	I know
2	Tu	**Sa**i	You know
3	Lui Lei Lei (Formal)	**S**a	He knows She knows You know (Formal)
4	Noi	**Sapp**iamo	We know
5	Voi	Sapete	You know (Plural)
6	Loro	**San**no	They know

		POTERE	**TO GO OUT**
1	Io	Po**ss**o	I can
2	Tu	Pu**o**i	You can
3	Lui Lei Lei (Formal)	Pu**ò**	He can She can You can (Formal)
4	Noi	Po**ss**iamo	We can
5	Voi	Potete	You can (Plural)
6	Loro	Po**ss**ono	They can

		RIMANERE	**TO STAY**
1	Io	Rimango	I stay
2	Tu	Rimani	You stay
3	Lui Lei Lei (Formal)	Rimane	He stays She stays You stay (Formal)
4	Noi	Rimaniamo	We stay
5	Voi	Rimanete	You stay (Plural)
6	Loro	Rimangono	They stay

SET 10
Indicativo Imperfetto – Verbi Irregolari

		ESSERE	TO BE
1	Io	Ero	I used to be[1]
2	Tu	Eri	You used to be
3	Lui	Era	He used to be
	Lei		She used to be
	Lei (Formal)		You used to be (Formal)
4	Noi	Eravamo	We used to be
5	Voi	Eravate	You used to be (Plural)
6	Loro	Erano	They used to be

Indicativo Imperfetto – Verbi -ARE

		PARLARE	TO SPEAK
1	Io	Parlavo	I used to speak[2]
2	Tu	Parlavi	You used to speak
3	Lui	Parlava	He used to speak
	Lei		She used to speak
	Lei (Formal)		You used to speak (Formal)
4	Noi	Parlavamo	We used to speak
5	Voi	Parlavate	They used to speak
			They used to speak
			You used to speak
6	Loro	Parlavano	They used to speak

---

[1] Here the translation could also be 'I was'. It will depend on the context. The same applies for all other verbs in this tense.

[2] Here the translation could also be 'I spoke'. It will depend on the context. The same applies for all other verbs in this tense.

SET 11
Indicativo Imperfetto – Verbi Irregolari

		AVERE	TO HAVE
1	Io	Avevo	I had
2	Tu	Avevi	You had
3	Lui Lei Lei (Formal)	Aveva	He had She had You had (Formal)
4	Noi	Avevamo	We had
5	Voi	Avevate	You had (Plural)
6	Loro	Avevano	They had

Indicativo Imperfetto – Verbi -ERE o -IRE

		DORMIRE	TO SLEEP
1	Io	Dormivo	I used to sleep[1]
2	Tu	Dormivi	You used to sleep
3	Lui Lei Lei (Formal)	Dormiva	He used to sleep She used to sleep You used to sleep (Formal)
4	Noi	Dormivamo	We used to sleep
5	Voi	Dormivate	You used to sleep (Plural)
6	Loro	Dormivano	They used to sleep

[1] Here the translation could also be 'I slept'. It will depend on the context. The same applies for all other verbs in this tense.

SET 12
Presente Indicativo – Verbi Irregolari

		VOLERE	TO WANT
1	Io	Voglio	I want
2	Tu	Vuoi	You want
3	Lui		He wants
	Lei	Vuole	She wants
	Lei (Formal)		You want (Formal)
4	Noi	Vogliamo	We want
5	Voi	Volete	You want (Plural)
6	Loro	Vogliono	They want

Presente – Verbi Riflessivi

		VESTIRSI	TO DRESS ONESELF
1	Io	**Mi** vesto	I dress myself
2	Tu	**Ti** vesti	You dress yourself
3	Lui		He dresses himself
	Lei	**Si** veste	She dresses herself
	Lei (Formal)		You dress yourself (Formal)
4	Noi	**Ci** vestiamo	We dress ourselves
5	Voi	**Vi** vestite	You dress yourselves (Plural)
6	Loro	**Si** vestono	They dress themselves

SET 13
Condizionale Presente – Verbi Irregolari

		FARE	TO DO / TO MAKE
1	Io	Farei	I would do
2	Tu	Faresti	You would do
	Lui		He would do
3	Lei	Farebbe	She would do
	Lei (Formal)		You would do (Formal)
4	Noi	Faremmo	We would do
5	Voi	Fareste	You would do (Plural)
6	Loro	Farebbero	They would do

Congiuntivo Imperfetto – Verbi -ARE

		PARLARE	TO SPEAK
1	Io	Parlassi	I were to speak
2	Tu	Parlassi	You were to speak
	Lui		He were to speak
3	Lei	Parlasse	She were to speak
	Lei (Formal)		You were to speak (Formal)
4	Noi	Parlassimo	We were to speak
5	Voi	Parlaste	You were to speak (Plural)
6	Loro	Parlassero	They were to speak

Congiuntivo Imperfetto – Verbi Irregolari

		ESSERE	TO BE
1	Io	Fossi	I were to be
2	Tu	Fossi	You were to be
	Lui		He were to be
3	Lei	Fosse	She were to be
	Lei (Formal)		You were to be (Formal)
4	Noi	Fossimo	We were to be
5	Voi	Foste	You were to be (Plural)
6	Loro	Fossero	They were to be

		POTERE	TO BE ABLE
1	Io	Potessi	I were able to
2	Tu	Potessi	You were able to
3	Lui	Potesse	He were able to
	Lei		She were able to
	Lei (Formal)		You were able to (Formal)
4	Noi	Potessimo	We were able to
5	Voi	Poteste	You were able to (Plural)
6	Loro	Potessero	They were able to

SET 14
Presente Progressivo – Verbi ARE

		PARLARE	TO SPEAK
1	Io	**Sto** parlando	I have been speaking
2	Tu	**Stai** parlando	You have been speaking
3	Lui	**Sta** parlando	He has been speaking
	Lei		She has been speaking
	Lei (Formal)		You have been speaking (Formal)
4	Noi	**Stiamo** parlando	We have been speaking
5	Voi	**State** parlando	You have been speaking (Plural)
6	Loro	**Stanno** parlando	They have been speaking

Presente Progressivo – Verbi -ERE/-IRE

		DORMIRE	TO SLEEP
1	Io	**Sto** dormendo	I have been sleeping
2	Tu	**Stai** dormendo	You have been sleeping
3	Lui	**Sta** dormendo	He has been sleeping
	Lei		She has been sleeping
	Lei (Formal)		You have been sleeping (Formal)
4	Noi	**Stiamo** dormendo	We have been sleeping
5	Voi	**State** dormendo	You have been sleeping (Plural)
6	Loro	**Stanno** dormendo	They have been sleeping

SET 15
Presente – Verbi Irregolari

		PREFERIRE	TO PREFER
1	Io	Prefer**isco**	I prefer
2	Tu	Prefer**isci**	You prefer
3	Lui	Prefer**isce**	He prefers
	Lei		She prefers
	Lei (Formal)		You prefer (Formal)
4	Noi	Prefer**iamo**	We prefer
5	Voi	Prefer**ite**	You prefer (Plural)
6	Loro	Prefer**iscono**	They prefer

		DIRE	TO SAY
1	Io	**Dico**	I say
2	Tu	**Dici**	You say
3	Lui	**Dice**	He says
	Lei		She says
	Lei (Formal)		You say (Formal)
4	Noi	**Diciamo**	We say
5	Voi	Dite	You say (Plural)
6	Loro	**Dicono**	They say

INDEX

LAVORARE	COSTARE	LAVARE
POTERE	PIACERE	METTERE A POSTO
FARE	SUCCEDERE	FARE DISORDINE
VIVERE	DIRE	SPORCARE
SET 14	**UNITÀ 6**	ROMPERE
FARE	**SET 16**	**SET 18**
RIPOSARSI	TROVARE	PRESTARE
MANGIARE	PERDERE	RESTITUIRE
SENTIRE	CERCARE	AFFITTARE/
ANDARE	NASCONDERE	NOLEGGIARE
DOVERE	TENERE	PRENOTARE
SET 15	RICICLARE	SCAMBIARE
PREFERIRE	**SET 17**	VENDERE
VALERE LA PENA	PULIRE	

http://www.artlyra.com

www.ingramcontent.com/pod-product-compliance
Lightning Source LLC
Chambersburg PA
CBHW060444040426
42331CB00044B/2608